DE KOPA À POGBA

60 ANS DE FOOTBALL À SE RACONTER EN FAMILLE

SALTIMBANQUE ÉDITIONS

DE KOPA À POGBA

60 ANS DE FOOTBALL À SE RACONTER EN FAMILLE

Benoit Nacci

Sommaire

Avant-propos

Raymond Kopa nous a quittés en mars 2017, à l'instant où j'achevais l'écriture de ce livre. Encore cadet, j'ai eu le privilège de débuter en équipe première à La Courneuve aux côtés de Néné Estéban, déjà partenaire du jeune Kopa à ses débuts professionnels au SCO d'Angers. Un bon présage ? Si les jeunes gardiens de but rêvaient de devenir Da Rui ou Vignal, nous autres attaquants souhaitions ressembler à Kopa. Il était mon idole et longtemps j'ai essayé de copier ses gestes, ses dribbles, sa coiffure même avec sa raie sur le côté.

Mes soixante années de passion pour le foot débutent tout naturellement avec l'aventure de l'équipe de France en Suède en 1958. Des images de l'époque vont surprendre les plus jeunes. Leurs parents ou grands-parents, associant leurs souvenirs aux miens, pourront leur raconter le « Football de papa » qu'ils ont aussi vécu, le ballon qui sentait bon le cuir et les chaussures qu'il fallait cramponner et cirer avant de les chausser avec les deux tours de lacets passés sous la semelle et le nœud sur le côté extérieur pour conserver lisse la surface intérieure propice aux passes précises.

Viennent ensuite les « Joueurs de légende », ceux qui par leur talent, leur palmarès et leur personnalité resteront dans les mémoires. Nous les retrouverons dans les « ballons d'Or ». Vous revivrez avec les Canaris, les Verts, les Gones, les Marseillais puis les princes du Parc des périodes où, chacun à leur façon, nous ont transportés dans leurs aventures.

Les Bleus aussi sont à l'honneur, ceux de 1982, ceux champions d'Europe et du monde, ceux aussi qui ont échoué d'un rien mais qui nous ont donné tant de bonheur en 2014 et 2016. Les Pogba, Lloris, Griezmann, Matuidi, Benzema ou Giroud, mais aussi les espoirs, Dembélé, Mbappé, Lemar, Kimpembé, sur lesquels nous comptons pour nous qualifier et, peut-être, gagner en Russie en 2018.

Enfin la « Planète Foot », ou l'universalité d'un sport dont le pouvoir permet quelquefois de redonner plaisir et sourire à des millions de pratiquants dans un monde qui ne tourne pas toujours aussi rond qu'un ballon...

EN CE TEMPS-LÀ

Boulevard Haussmann à Paris, le 3 juin 1959.
Peu de Français possèdent la télévision. Les passionnés se massent devant les vitrines des magasins pour suivre la finale de la Coupe d'Europe des clubs champions.
Le Real Madrid l'emporte 2 à 0 face au Stade de Reims.

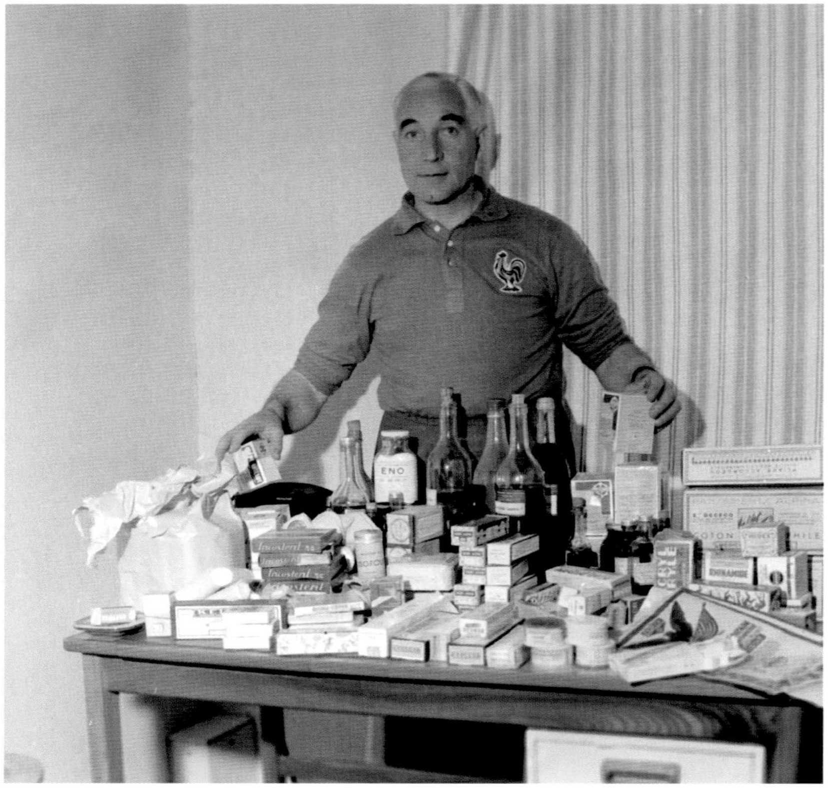

La pharmacie de l'équipe de France pendant la coupe du Monde 1958.

13 juin 1956. La coupe des Champions européens aurait mérité plus de considération avant d'être remise pour la première fois au Real Madrid, vainqueur du Stade de Reims 4 à 3.

Robert Jonquet ne laisse à personne le soin de préparer **ses chaussures pendant la coupe du Monde 1958. Il cloue d'abord** les barrettes de cuir sur la semelle. Il fixera ensuite les crampons.

Les vestiaires de Saint-Étienne en 1957. Les joueurs viennent de battre 2 à 1 les Glasgow Rangers en coupe d'Europe des Clubs champions.

Vestiaires du PSG en 2010.

KOPA

Kopa, Di Stefano et Puskas, attaquants vedettes du Real Madrid.

Raymond Kopa sous le maillot du Stade de Reims.

Raymond Kopa au cours de France-Hongrie 1962.

Raymond Kopa

Kopaszewski de son vrai nom, Kopa joue deux saisons au SCO d'Angers avant de rejoindre le Stade de Reims en 1951. Entraînée par Albert Batteux, l'équipe champenoise domine le championnat. Ses dribbles courts et ses passes profitent à ses coéquipiers de l'époque, Fontaine, Vincent ou Piantoni.

En 1956, au Parc des Princes, le Stade de Reims échoue 4-3 face au Real en finale de la coupe d'Europe des Clubs, mais Kopa est aussitôt invité à rejoindre Di Stefano. Il remportera les trois coupes d'Europe suivantes et recevra le ballon d'Or en 1958.

Alfredo Di Stefano

Di Stefano est né en Argentine. Il a la particularité d'avoir porté les couleurs de trois sélections nationales, argentine, colombienne et espagnole après sa naturalisation en 1956. Joueur complet, à la fois rapide et solide, tacticien et buteur, Di Stefano a soulevé cinq fois la coupe d'Europe de 1956 à 1960 et fait la gloire du Real pendant onze années.

Il reçoit deux ballons d'Or en 1957 et 1959. En 2002, il est nommé président d'honneur du club. L'avion qui transporte les joueurs a été baptisé de son surnom « la Saeta », (la Flèche), en souvenir de sa vitesse.

Ferenc Puskas

Puskas évolue d'abord au Honved Budapest, équipe militaire d'où il tire son surnom de « Major galopant ». En 1952, il remporte les Jeux Olympiques d'Helsinki avec une équipe dont le jeu fait référence malgré une surprenante défaite face à la RFA en finale de la coupe du Monde 1954.

Suite à l'occupation de Budapest par les chars russes en 1956, Puskas ne rejoindra pas son pays. Après des années de suspension, il signe au Real Madrid où il finira par s'imposer. En finale de la coupe d'Europe 1960, il marque quatre fois, confirmant ses talents de buteur (84 buts en 85 matchs avec la Hongrie).

1958

L'épopée suédoise

Personne ne s'attendait à vivre une aussi belle page de l'histoire du football français. Emmenés par Raymond Kopa, entraînés par Albert Batteux assisté de Jean Snella, les Bleus se font remarquer dès le premier match en écrasant le Paraguay 7-3. Just Fontaine, auteur de trois buts, apporte à son crédit deux autres buts face à la Yougoslavie malgré la défaite de l'équipe de France 3-2. Il faut gagner le troisième match pour accéder aux quarts de finale. L'Écosse résiste mais un but de Kopa et un second de Fontaine concrétisent une victoire 2-1.

En quarts de finale, la France domine l'Irlande 4-0 et Fontaine marque deux nouveaux buts. La redoutable équipe du Brésil, avec Garrincha, Pelé, Gilmar, Zito, Vava, Zagalo, est l'autre demi-finaliste.

Vava marque dès la deuxième minute mais Fontaine réplique sept minutes plus tard et le match s'équilibre alors. Hélas ! profitant de l'absence de Robert Jonquet qui se faisait soigner sur la touche, Didi porte le score à 2-1. Il faut rappeler qu'à l'époque les remplacements n'étaient pas autorisés. Revenu sur le terrain en deuxième mi-temps malgré une fracture du péroné, Jonquet se cantonne à un rôle de figurant.

Les Brésiliens, désormais en surnombre, frappent encore trois fois en seconde mi-temps et l'emportent 5-2.

Un dernier match attend les Bleus pour l'attribution de la troisième place. Ils écrasent les Allemands 6-3 et Fontaine frappe à quatre reprises.

3 + 2 + 1 + 2 +1 + 4 = 13 ! Just Fontaine devient le meilleur buteur de la coupe du Monde et son record ne sera sans doute jamais battu.

L'équipe de France victorieuse de l'Allemagne 6-3. De g. à dr. : Kaelbel, Lerond, Marcel, Vincent, Wisniewski, Penverne, Fontaine, Piantoni, Kopa, Abbes, Jonquet.

LE RO

Un gamin nommé Pelé

Joueur du Santos FC, Pelé a fait son entrée en sélection nationale en 1957 à l'âge de 16 ans. Meilleur buteur de son club, il a aussi marqué avec la sélection et sa présence en Suède en 1958 est justifiée.

Un visage que l'on découvre et que l'on n'oubliera jamais. Auteur de six buts en trois rencontres dans cette coupe du Monde, le jeune Pelé va vite se faire un nom à la hauteur de ses partenaires mondialement reconnus.

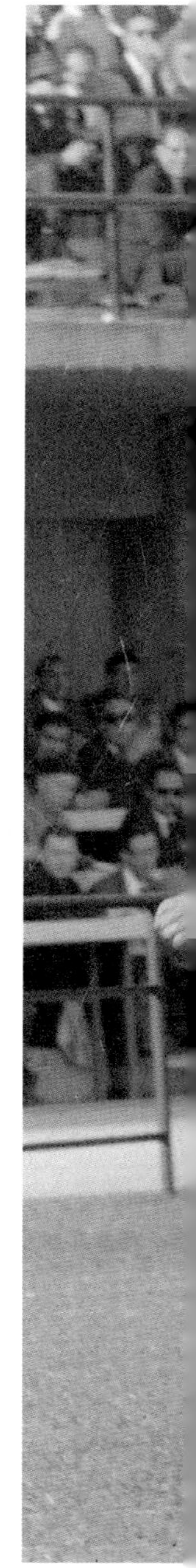

ET L'OISEAU

Garrincha, le dribbleur aux jambes arquées

Ailier droit de l'équipe du Brésil, Garrincha affolait tous les défenseurs. Malgré, ou plutôt grâce, à une jambe gauche plus courte de six centimètres, il profitait de cet apparent déséquilibre pour les prendre à contrepied. Un seul dribble, toujours le même, qui faisait croire à son adversaire qu'il allait rentrer vers le centre, et brusquement il débordait sur son aile.

Manoel Franscisco dos Santos de son vrai nom, Garrincha doit son surnom à sa sœur Rosa. Dans sa jeunesse, elle l'appelait ainsi du nom d'un petit oiseau local qui préférait mourir que de se laisser attraper.

Pelé et Garrincha ont été les grandes légendes du football brésilien. Si le premier a réussi sa reconversion, le second est décédé alcoolique et ruiné. Sur sa tombe cette épitaphe : « Ci-gît la Joie du Peuple, Mané Garrincha ».

Laurent Di Lorto,
gardien de but de l'équipe de France en 1938.

René Vignal en 1951, le spectaculaire
gardien de but du R.C.Paris et de l'équipe de France.

Julien Da Rui
devant une affiche du cirque Jean-Richard.

Tous les jeunes gardiens de but de l'époque rêvaient de devenir les nouveaux Vignal ou Da Rui. Les salaires étaient très éloignés de ceux pratiqués aujourd'hui et les reconversions souvent difficiles.

Le premier, aux plongeons spectaculaires, doit interrompre sa carrière à 28 ans, victime d'une fracture du bras. Après de vaines tentatives pour revenir sur le terrain comme joueur ou entraîneur, de mauvaises fréquentations le conduisent vers le banditisme. Il est arrêté et condamné à la prison.

Le second essaie en vain de devenir entraîneur. Il accepte en 1957 de rejoindre le cirque Jean-Richard où il doit affronter à chaque représentation les nombreux volontaires qui espèrent tous lui marquer un but.

Yachine, ballon d'Or en 1963, est une référence en Russie. De nombreux prix lui seront attribués de son vivant. Sa statue est édifiée devant le stade du Dynamo Moscou, le seul club de sa carrière.

Lev Yachine en 1960,
gardien de but de l'Union soviétique de 1954 à 1967.

LE LOOK

Match Saint-Étienne - Reims en 1967.
Rachid Mekhloufi (à gauche) et Raymond Kopa.

La tenue des joueurs de champ a bien changé. Les shorts étaient plus courts et les maillots, souvent à manches longues, moins ajustés au corps. Il est vrai que les défenseurs d'alors, tout en restant agressifs, respectaient davantage les règles aujourd'hui bafouées par de systématiques tirages de maillots devant les buts.

Les innovations sont plus spectaculaires chez les gardiens de but. Les polos ont d'abord remplacé les épais pull-overs en laine avant de devenir les élégants maillots colorés d'aujourd'hui.

Des gants spéciaux amortissent l'impact des chocs tout en présentant une meilleure adhérence avec les ballons désormais conçus dans différentes matières. Celui de la dernière coupe d'Europe était en polyuréthane et sans coutures.

Les genouillères ont disparu. Depuis 2006 et sa fracture du crâne consécutive à un choc avec un adversaire, Petr Cech porte un casque de protection.

Petr Cech, gardien de but de la République tchèque depuis 2006.

Hugo Lloris, gardien de l'équipe de France depuis 2008.

LES JOUEURS

DE LÉGENDE

PELÉ

LE ROI

On ne connaît pas l'origine de son surnom qui contribua sans doute à sa notoriété. Pelé, de son vrai nom Edson Arantes di Nascimento, est né en 1940 à Três Corações au Brésil. Le jeune garçon préfère vite le football aux études. À 13 ans, il joue au Bauru AC, le club de la ville où la famille habite alors. Vite repéré, il rejoint en 1956 le Santos FC qu'il ne quittera qu'à la fin de sa carrière en 1974.

Dès 1958 et sa prestation en Suède, il brille au sein de l'équipe du Brésil avec laquelle il remporte trois coupes du Monde, en 1958, 1962 et 1970. Sélectionné 93 fois, il a marqué 77 buts.

Pelé possède tous les talents. Il est à la fois solide et rapide, dribbleur et au service de ses coéquipiers à qui il délivre des passes décisives. Sa détente est aussi prodigieuse et, malgré son 1,72 mètre, il marque également de la tête.

Même s'il est difficile de comparer les joueurs de légende qui vont suivre, Pelé est considéré comme le meilleur de tous les temps.

Une carrière exemplaire, un court prolongement au Cosmos de New York pour participer à l'essor du football en Amérique, puis un titre de « Citoyen du monde » décerné par les Nations Unies. Enfin, de nombreuses actions humanitaires et un poste de ministre des Sports de 1995 à 1998.

Un petit pont exemplaire.

Pelé a marqué son1 000e but le 19 novem

Coupe du Monde 1970 au Mexique. Pelé marque deux fois et remporte son troisième trophée.

69 et 1 244 dans sa carrière.

Tous les moyens étaient utilisés pour arrêter Pelé. Constamment agressé lors de la coupe du Monde 1966 en Angleterre, Pelé n'a pas pu jouer tous les matchs et le Brésil a perdu son trophée remporté en 1958 et 1962.

CRUYFF

Johan Cruyff est né en 1947 à Amsterdam. Avec son club formateur de l'Ajax d'Amsterdam, il est l'initiateur d'un football moderne où tout le monde défend et attaque à la fois. Ce style de jeu, résolument offensif, sera repris partout dans le monde.

Avec son équipe de l'Ajax dont il est à la fois le stratège et le buteur, il remporte trois coupes d'Europe en 1972, 1973 et 1974. Il brille également avec la sélection nationale mais les Pays-Bas échoueront en finale de la coupe du Monde 1974, battus par l'Allemagne de Beckenbauer. Avec son maillot frappé du numéro 14, il est nommé ballon d'Or en 1971, 1973 et 1974.

Meilleur joueur européen de l'époque, il rejoint le FC Barcelone au début de la saison 1973-1974. Surnommé « le Sauveur », il participe au renouveau du club catalan qui renoue avec la victoire en Liga, titre abandonné depuis 1960.

Le joueur Cruyff quitte le Barça en 1978 mais il y revient comme entraîneur de 1988 à 1996. Il impose son style de jeu en mouvement et remporte quatre titres de champion d'Espagne, deux coupes du Roi et une coupe d'Europe.

Son influence était tellement importante qu'on lui pardonnait tout, même une petite cigarette qu'il fumait à la mi-temps des matchs... Hélas ! le mal allait faire son effet et Johan Cruyff est décédé d'un cancer du poumon en 2016.

LE JEU COLLECTIF

Johan Cruyff à la fin de sa carrière sous le maillot de Feyenoord (1984). Il déborde ici Gert Kruys.

Coupe du Monde 1974 en Allemagne.
Johan Cruyff évite le tacle de l'Uruguayen Fernando Morena.

Johan Cruyff sous le maillot du FC Barcelone.

PLATINI

CAPOCANNONIERE

Michel Platini est né en 1955 à Jœuf, en Lorraine. Après un stage au FC Metz où le docteur du club lui trouve des difficultés respiratoires, il signe en 1972 à Nancy. Joueur complet, à la fois organisateur et buteur, il est vite repéré par Michel Hidalgo qui le sélectionne dès 1976 en équipe de France.

En fin de contrat et une victoire en coupe de France en 1978 avec l'AS Nancy-Lorraine, il est logiquement transféré à Saint-Étienne en 1979. Pendant les trois années passées chez les Verts, Platini s'affirme comme grand joueur mais un seul titre de champion de France en 1981 vient enrichir son palmarès.

C'est à la Juventus de Turin que Michel Platini va être élu ballon d'Or trois fois consécutivement (1983, 1984,1985). Stratège et meilleur buteur à trois reprises dans le championnat italien, il remporte une coupe d'Europe en 1985 dans un stade du Heysel traumatisé. Une heure avant le match, un mouvement de foule entre supporters anglais et italiens provoqua la mort de trente-trois personnes, étouffées ou écrasées en bas d'une tribune.

En équipe de France, son influence a été considérable de 1976 à 1987. Patron incontesté, il compte 72 sélections et a marqué 41 buts. Ses coups francs ont permis à la France de participer à trois phases finales de la coupe du Monde, trophée qu'il n'a pourtant jamais soulevé.

Avec les Bleus, Michel Platini a été demi-finaliste du Mondial espagnol en 1982, champion d'Europe des Nations en France en 1984 et une dernière fois demi-finaliste de la coupe du monde 1986 au Mexique après avoir éliminé le Brésil.

Déjà, à Nancy, un entraînement intensif pour parfaire ses coups francs. Une balle travaillée pour surpasser le mur des joueurs et retomber ensuite rapidement dans le but.

Michel Platini avec le maillot de Saint-Étienne.

À la Juventus de Turin, Michel Platini s'affirme comme le meilleur joueur du monde de son époque.

MARADONA

LA MAIN DE DIEU

Un autre célèbre numéro 10. Diego Maradona est né en 1960 à Lanus, près de Buenos Aires. Tout jeune, il amuse le public par ses jongleries à la mi-temps des matchs de première division argentine. Dès l'âge de 16 ans il honore sa première sélection nationale et évolue en 1976 avec l'équipe d'Argentinos Juniors qu'il quitte en 1981 pour rejoindre Boca Juniors. Malgré ses qualités, il est jugé trop jeune et n'est pas sélectionné pour participer à la coupe du Monde 1978 sur le sol argentin.

En 1981 et 1982, c'est à Barcelone que Maradona entame son parcours européen. Souvent agressé sur le terrain et diminué par un style vie incompatible pour des joueurs de haut niveau, ses performances ne sont pas au goût des dirigeants catalans et il rejoint le SSC Napoli.

À Naples, Maradona est présenté en héros aux 70 000 spectateurs rassemblés au stade San Paolo. Malgré sa présence l'équipe stagne en milieu de tableau. Pendant la coupe du Monde 1986 remportée par l'Argentine, deux de ses actions restent dans les annales du foot. La première, positive, voit Maradona partir de son camp et dribbler cinq défenseurs anglais avant de marquer. La seconde, moins flatteuse, fait aussi partie de sa légende : un but marqué de la main qui permet à l'Argentine de se qualifier.

Les cinq années suivantes représentent l'âge d'or du football napolitain. Le doublé coupe-championnat en 1987, la coupe de l'UEFA en 1989, un dernier titre de champion d'Italie en 1990 font de Maradona une icône incontestée malgré une vie quelque peu agitée et ses relations avec la mafia.

Sélectionneur de l'équipe d'Argentine en 2008, Maradona est aussi excessif sur la touche que dans sa vie. Une santé où il alterne les cures de désintoxication et les pertes de poids.

La « main de Dieu » qui fait encore couler beaucoup d'encre. Maradona n'a jamais reconnu s'être aidé de la main pour marquer ce but.

Maradona, un génie du football aux contrepieds imparables. 1,65 mètre seulement mais une couverture et une conduite de balle qui le rendaient insaisissable.

Maradona, ici en 1987 sous le maillot de Naples, sème la panique dans la défense de la Juve.

CANTONA

LE REBELLE

Éric Cantona est plus une personnalité qu'une légende mais son parcours mérite d'être raconté. Né à Marseille en 1966, c'est Auxerre qu'il choisit à 15 ans comme centre de formation. En 1982, une première sélection en équipe de France des moins de 17 ans et un premier but.

Cantona débute en première division en 1983 mais Guy Roux le préserve en le faisant jouer avec l'équipe réserve. En 1985, Guy Roux le place comme titulaire à la pointe de son attaque mais en 1986, à la fois malade et amoureux, Éric préfère se rapprocher de sa famille. Cantona est alors prêté au FC Martigues.

L'année suivante, Cantona retrouve Guy Roux à Auxerre, cette fois comme titulaire indiscutable. Deux saisons où ses performances lui valent d'être sélectionné par Henri Michel en équipe de France A, aux côtés de Jean-Pierre Papin.

Très demandé en 1988, c'est l'OM qu'il choisit, mais son caractère va le conduire à plusieurs années d'errance. Mécontent de ne pas être retenu chez les Bleus, il traite le sélectionneur de « sac à merde » et est exclu par la Fédération jusqu'en juin 1989. Avec l'OM également les rapports deviennent difficiles. Remplacé par Gérard Gili lors d'un match pourtant amical, Cantona jette son maillot à terre... Le club décide de s'en séparer en le prêtant aux Girondins de Bordeaux, puis à Montpellier, et enfin à Nîmes en division 2.

Fini la France. Après avoir envisagé d'arrêter le football, Cantona est encouragé par Michel Platini et Gérard Houllier (qui lui ont toujours fait confiance quand ils ont été sélectionneurs de l'équipe de France) à rejoindre le championnat anglais pour relancer sa carrière. D'abord à Leeds United en 1992. Un court temps d'adaptation au football anglais et un premier titre de champion !

La saison suivante, il rejoint Alex Ferguson à Manchester United et quatre titres consécutifs de champion d'Angleterre font du Français au col relevé « Eric le King ». Une chanson, créée à sa gloire, est chantée à la fin des matchs et la *Marseillaise* est reprise en chœur quand on l'aperçoit dans les tribunes d'Orld Trafford.

Éric Cantona, régulièrement sélectionné par Michel Platini puis Gérard Houllier, ne s'est jamais qualifié avec l'équipe de France pour une phase finale de la coupe du Monde.

Sélectionneur de l'équipe de France de football de plage, Éric Cantona a remporté le titre mondial en 2005. Une reconversion également réussie dans le monde artistique.

ZIDANE

Z COMME ZORRO

Familièrement appelé Zizou, Zinédine Zidane est né à Marseille en 1972. Dès ses 15 ans, son père accepte de le laisser partir au centre de formation de l'AS Cannes, à condition qu'il soit hébergé dans une famille d'accueil.

De 1987 à 1992, Zidane progresse et Jean Fernandez l'intègre dans l'effectif professionnel. Il ne joue pas régulièrement avec l'équipe première, jusqu'en 1990 où Zinédine devient titulaire et effectue d'excellentes prestations qui suscitent l'intérêt de plusieurs clubs.

D'abord l'OM de Bernard Tapie, mais l'entraîneur de l'époque, Raymond Goethals, le trouve trop lent... Ce sont donc les Girondins de Bordeaux de Rolland Courbis qui vont bénéficier de son talent.

Avec ses amis Dugarry et Lizarazu, ils enchaînent les bonnes performances et Zidane se révèle être à la fois un bon tireur de coups francs et un passeur génial. Il reçoit en 1994 le trophée du meilleur espoir et est sélectionné en équipe de France A où il ne joue que 17 minutes mais marque deux buts. Bordeaux, qualifié pour participer à la coupe d'Europe des clubs 1995-1996, réussit l'exploit d'éliminer le Milan AC mais échoue en finale contre le Bayern Munich. Les plus grands clubs se disputent alors Zizou qui choisit de rejoindre Didier Deschamps à la Juventus de Turin.

Les deux Français font merveille à la Juve et Zidane étoffe son palmarès de 1996 à 2001 en remportant deux titres de champion d'Italie et le ballon d'Or 1998.

Zidane est une star quand il rejoint les Galactiques du Real Madrid avec lesquels il remporte enfin la coupe d'Europe des clubs champions grâce à une magistrale reprise de volée qu'il exécute du pied gauche.

Il en remportera deux autres, en 2016 et 2017, cette fois comme entraîneur, après avoir remplacé Rafael Benitez. Sans oublier le titre de champion d'Espagne 2017 remporté par le Real.

Ses performances en équipe de France sont détaillées dans la partie consacrée aux Bleus pages 56 à 79.

La soirée du 12 juillet 1998 sur les Champs-Élysées. Une foule estimée à 1,5 million de personnes rend hommage aux Bleus et particulièrement à notre Zizou national.

MESSI

Lionel Messi, né en Argentine en 1987, commence à jouer au football à 5 ans. À 10 ans, il est très petit. Une maladie hormonale est décelée qui nécessite un traitement médical long et coûteux sans lequel il ne dépassera pas 1,50 mètre. Ses parents n'ont pas les moyens de le soigner mais son talent est tel à 13 ans qu'ils décident de contacter le Barça pour qu'il effectue un test. Les dirigeants hésitent un peu mais acceptent de prendre en charge les soins nécessaires à son état. Il rejoint le centre de formation du club catalan, on connaît la suite... Quatre ballons d'Or consécutifs de 2009 à 2012, un cinquième en 2015.

En 2006, il est positionné ailier droit en alternance avec Ludovic Giuly et devient titulaire au cours de la saison. Ses partenaires successifs sont prestigieux, Ronaldinho, Thierry Henry, Samuel Eto'o, Zlatan Ibrahimovic... Pourtant, « la Pulga » (la puce) va tous les surpasser et devenir le patron, un numéro 10 laissé libre de ses mouvements, au service de ses partenaires tout en se révélant meilleur buteur de l'histoire du Barça et de la Liga espagnole.

Avec un palmarès riche de 5 coupes d'Europe, 7 titres de champion d'Espagne, 3 coupes du Roi, Lionel Messi est considéré comme le meilleur joueur du monde.

Avec l'équipe d'Argentine, Messi n'a pas le même rayonnement qu'au Barça. Une finale en coupe du Monde 2014 au Brésil, mais une défaite face à l'Allemagne.

HERCULÉEN

Lionel Messi sait tout faire. Buteur, il enchaîne les dribbles dans un mouchoir de poche, les passes lumineuses, les actions spectaculaires, sans oublier ses buts de la tête malgré son 1,69 m.

QATAR AIRWAYS
28

RONALDO

AIMÉ OU DÉTESTÉ

Cristiano Ronaldo est né en 1985 sur l'île de Madère. Depuis 2008, il dispute chaque année à Messi le ballon d'Or, le vainqueur devançant l'autre d'une courte tête.

Dès 11 ans, c'est au centre de formation du Sporting de Lisbonne qu'il démontre des qualités techniques lui permettant de jouer à plusieurs postes, milieu de terrain ou attaquant. À 17 ans, Cristiano intègre l'équipe première et est vite repéré et suivi par Alex Ferguson qui le recrute en 2003. Il portera à Manchester United le numéro 7, celui des légendes du club, Bobby Charlton, Éric Cantona ou David Beckham.

Espoir à son arrivée, Ronaldo progresse encore saison après saison. Sur le flanc gauche de l'équipe mancunienne, ses accélérations sèment la panique dans les défenses adverses. Buteur quelquefois personnel, il devient plus collectif, excellent tireur de coups francs et il marque aussi de la tête. Bilan : 118 buts en 292 matchs, la coupe d'Europe et le ballon d'Or en 2008, trois championnats d'Angleterre en 2007, 2008 et 2009 !

Riche de ce palmarès Ronaldo, qu'on surnomme CR 7, ne résiste pas aux offres du Real Madrid qui le courtisait depuis deux ans. Il prend le numéro 9 avant de retrouver le numéro 7 en 2011. Toujours sur l'aile gauche mais avec une liberté totale de mouvement, Cristiano est la cible à trouver pour ses partenaires. Une fois le ballon dans ses pieds, ils savent que l'action se révélera positive, personnelle et ponctuée d'un tir au but, ou bien une offrande à l'un d'entre eux qui saura trouver le bon placement pour la recevoir.

Encore 2 ballons d'Or en 2013 et 2014, et un 3e en 2016 après la victoire du Real en coupe d'Europe, et surtout le sacre du Portugal à l'Euro 2016. Une finale gagnée contre la France malgré une blessure qui l'obligea à quitter le terrain à la 24e minute.

Cristiano Ronaldo, entouré de Pepe (à gauche), de Joao Moutinho et d'André Gomes, soulève enfin le trophée international que tout le Portugal attendait.

Avec CR 7 le spectacle est toujours assuré.

IBRAHIMOVIC

DU VERBE ZLATANER

Zlatan Ibrahimovic est né en 1981 à Malmö. Il vit une enfance difficile au sein d'une famille désunie. Heureusement, le football lui permet de s'affirmer au centre de formation du club de Malmö. Remarqué en 2001 par Arsène Wenger qui souhaite l'engager à Arsenal, c'est finalement l'Ajax d'Amsterdam que Zlatan choisit. Il remporte deux titres de champion des Pays-Bas en 2002 et 2004. Cinq grands clubs vont ensuite s'attacher ses services, Ibrahimovic remportant dans chacun d'eux au moins un titre national. D'abord à la Juventus de Turin de 2004 à 2006, puis à l'Inter de Milan jusqu'en 2009 avec trois titres de champion d'Italie.

Dès juillet 2009, c'est le FC Barcelone qui s'attache à prix d'or ses services. Malgré ses performances, Josep Guardiola, l'entraîneur, estime que son jeu n'est pas complémentaire avec celui de ses partenaires. Discuté, Ibrahimovic préfère retourner en Italie, cette fois au Milan AC, son palmarès enrichi d'un nouveau titre de champion d'Espagne.

Avec Pato, Ronaldinho et Robinho comme partenaires, il reprend confiance et son club est sacré champion d'Italie en 2011.

En juillet 2012, Paris accueille Zlatan qui fait partie du projet ambitieux des Qataris de redonner sa splendeur au PSG. Quatre années de bonheur pour les supporters parisiens qui se régalent à chaque match des gestes « zlatanesques » qu'il est le seul à réaliser. Meilleur buteur du club avec 156 réalisations en 180 matchs, 4 titres consécutifs de champion de France de 2013 à 2016 et 2 coupes de France.

« Je suis arrivé en roi. Je repars comme une légende. » Telle est la dernière citation d'Ibrahimovic qui rejoint Manchester United en juin 2016.

Victime d'une rupture du ligament antérieur du genou droit en avril 2017, il espère pouvoir rejouer la saison prochaine.

Zlatan Ibrahimovic, un Roi jamais sacré ballon d'Or malgré tous les trophées remportés dans chacun des championnats nationaux auxquels il a participé.

LIGUE 1
Fly
Emirates

LES BALLONS D'OR

2016 : Cristiano Ronaldo (POR)
2015 : Lionel Messi (ARG)
2014 : Cristiano Ronaldo (POR)
2013 : Cristiano Ronaldo (POR)
2012 : Lionel Messi (ARG)
2011 : Lionel Messi (ARG)
2010 : Lionel Messi (ARG)
2009 : Lionel Messi (ARG)
2008 : Cristiano Ronaldo (POR)
2007 : Kaká (BRE)
2006 : Fabio Cannavaro (ITA)
2005 : Ronaldinho (BRE)
2004 : Andriy Chevtchenko (UKR)
2003 : Pavel Nedved (RTC)
2002 : Ronaldo (BRE)
2001 : Michael Owen (ANG)
2000 : Luis Figo (POR)
1999 : Rivaldo (BRE)
1998 : Zinedine Zidane (FRA)
1997 : Ronaldo (BRE)
1996 : Matthias Sammer (ALL)
1995 : George Weah (LIB)
1994 : Hristo Stoichkov (BUL)
1993 : Roberto Baggio (ITA)
1992 : Marco van Basten (HOL)
1991 : Jean-Pierre Papin (FRA)
1990 : Lothar Matthäus (ALL)
1989 : Marco van Basten (HOL)
1988 : Marco van Basten (HOL)
1987 : Ruud Gullit (HOL)
1986 : Igor Belanov (URSS)
1985 : Michel Platini (FRA)
1984 : Michel Platini (FRA)
1983 : Michel Platini (FRA)
1982 : Paolo Rossi (ITA)
1981 : Karl-Heinz Rummenigge (RFA)
1980 : Karl-Heinz Rummenigge (RFA)
1979 : Kevin Keegan (ANG)
1978 : Kevin Keegan (ANG)
1977 : Allan Simonsen (DAN)
1976 : Franz Beckenbauer (RFA)
1975 : Oleg Blokhine (URSS)
1974 : Johan Cruyff (HOL)
1973 : Johan Cruyff (HOL)
1972 : Franz Beckenbauer (RFA)
1971 : Johan Cruyff (HOL)
1970 : Gerd Müller (RFA)
1969 : Gianni Rivera (ITA)
1968 : George Best (ILN)
1967 : Florian Albert (HON)
1966 : Bobby Charlton (ANG)
1965 : Eusébio (POR)
1964 : Denis Law (ECO)
1963 : Lev Yachine (URSS)
1962 : Josef Masopust (TCH)
1961 : Omar Sivori (ITA)
1960 : Luis Suárez (ESP)
1959 : Alfredo Di Stefano (ESP)
1958 : Raymond Kopa (FRA)
1957 : Alfredo Di Stefano (ESP)
1956 : Stanley Matthews (ANG)

1983 - 1984 - 1985

1991

1958

1997 - 2002

2007

AVEC L'AIDE DE TES PARENTS, PEUX-TU TROUVER LE NOM DE CHAQUE JOUEUR ET L'ERREUR QUI SE TROUVE DANS CETTE PAGE (réponse page 92)

2009 - 2010 - 2011 - 2012 - 2015

2004

1998

2007

2008 -2013 - 2014 - 2016

CLUBS FRANÇAIS

DE LÉGENDE

QUE
AIS

DROIT AU BUT

PARIS
SAINT-GERMAIN

LES CANARIS

PALMARÈS

Championnat de France

Entraîneurs

1965 - José Arribas

1966 - José Arribas

1973 - José Arribas

1977 - Jean Vincent

1980 - Jean Vincent

1983 - Jean-Claude Suaudeau

1995 - Jean-Claude Suaudeau

2001 - Raynald Denoueix

Coupe de France

1979 - Jean Vincent

1999 - Raynald Denoueix

2000 - Raynald Denoueix

Le FC Nantes est fondé le 21 avril 1943. Une fusion entre cinq clubs locaux permet de créer une équipe compétitive au plus haut niveau. Marcel Saupin et Jean Le Guillou font partie des fondateurs. Avant de jouer en 1984 dans leur nouveau stade de la Beaujoire, c'est au stade Marcel-Saupin que les « Canaris » évoluaient. Les couleurs du club sont celles de l'écurie de Jean Le Guillou dont la casaque de ses jockeys était jaune et vert.

Le « jeu à la nantaise », un compliment repris aujourd'hui encore par les amateurs de beau jeu. C'est José Arribas qui le premier a défini un football basé sur le mouvement. Un jeu rapide, direct, fait de passes courtes dans les brèches créées par les courses et les appels incessants de joueurs privilégiant le collectif. Barcelone joue à la nantaise !

Jean Vincent, Jean-Claude Suaudeau, ou Raynald Denoueix, les entraîneurs qui ont succédé à José Arribas et obtenus des succès, se sont également attachés à produire du beau jeu. De nombreux joueurs se sont révélés au FC Nantes, Henri Michel, Maxime Bossis, Loïc Amisse, José Touré, puis Loko, Karembeu, Pedros, Makelele...

Didier Deschamps a lui aussi porté le maillot des « Canaris », formé au club puis capitaine à 20 ans.

Depuis 2001, le FC Nantes ne parvient pas à retrouver l'élite, mais le « jeu à la nantaise » fait toujours référence.

AVEC L'AIDE DE TES PARENTS, PEUX-TU TROUVER LE NOM DE CES GRANDS JOUEURS QUI ONT PORTÉ LE MAILLOT DU FC NANTES (réponse page 92)

Portez bien haut notre fanion

La fierté de notre région

Évidemment c'est les Verts

LES VERTS

L'Association sportive de Saint-Étienne est fondée en 1919 par le Groupe Casino. Le vert, couleur de la chaîne d'épiceries, est naturellement choisi pour les maillots.

De 1962 à 1982, les Verts ont dominé le football français. Les trois entraîneurs qui ont remporté des trophées figurent parmi les plus prestigieux. Jean Snella, précurseur d'une politique de formation, obtient son premier titre en 1957 avec Tylinski, Herbin, Ferrier, Goujon et Mekloufi comme joueurs. Après un détour au Servette de Genève, il revient à Saint-Étienne, remporte trois nouveaux trophées et transmet à son ami Albert Batteux une équipe riche des frères Revelli, Carnus, Bosquier, Keyta, Jacquet et Larqué.

Les succès sont nombreux, trois titres consécutifs de champion de France de 1968 à 1970, dont un doublé avec la coupe de France en 1970.

Tout juste retraité et jeune entraîneur de 33 ans, c'est Robert Herbin qui va écrire les plus belles pages de l'épopée des Verts. Il intègre aux cadres de l'équipe des jeunes issus du centre de formation, Janvion, Lopez, Bathenay, Rocheteau, et toute la France est derrière ses Verts à chaque rencontre de la coupe d'Europe des clubs champions. Jusqu'à cette finale perdue contre le Bayern Munich en 1976... à cause d'une barre trop carrée refusant de dévier à l'intérieur du but un tir de Bathenay puis une tête de Santini.

Un dernier titre de champion de France en 1981 avec la présence de Michel Platini.

PALMARÈS

Championnat de France

Entraîneurs

1957 - Jean Snella
1964 - Jean Snella
1967 - Jean Snella
1968 - Albert Batteux
1969 - Albert Batteux
1970 - Albert Batteux
1974 - Robert Herbin
1975 - Robert Herbin
1976 - Robert Herbin
1981 - Robert Herbin

Coupe de France

1962 - Jean Snella
1968 - Albert Batteux
1970 - Albert Batteux
1974 - Robert Herbin
1975 - Robert Herbin
1977 - Robert Herbin

Le ballon du match.

1968 - de g. à dr. accroupis : Fefeu, Larqué, H. Revelli, Keyta, Bereta.Debout : Mitoraj, Jacquet, Carnus, Bosquier, Polny, Durkovic.

1976 - des Verts légendaires. De g. à dr. accroupis : Rocheteau, Santini, H. Revelli, P. Revelli. Debout : Curkovic, Janvion, Bathenay, Farizon, Piazza, Lopez, Synaeghel.

AVEC L'AIDE DE TES PARENTS, PEUX-TU DONNER LE NOM DE CE JOUEUR MALIEN ARRIVÉ EN TAXI À SAINT-ÉTIENNE EN 1967 **(réponse page 92)** **?**

Nous on joue au football

Et on n'a pas de frontières

1976 - Les Verts ont été héroïques. Malgré leur défaite face au Bayern, les Français ont réservé aux Verts un accueil triomphal sur les Champs-Élysées. Un hommage voulu par leurs supporters présents au stade Geoffroy-Guichard et les téléspectateurs heureux de vivre de grands moments de football européen.

DROIT AU BUT

PALMARÈS

Championnat de France

Entraîneurs

1937 - Joseph Eisenhoffer
1948 - Joseph Zilizzi
1971 - Mario Zatelli
1972 - Mario Zatelli
1989 - Gérard Gili
1990 - Gérard Gili
1991 - Raymond Goethals
1992 - Raymond Goethals
2010 - Didier Deschamps

Coupe de France

1924 - Peter Farmer
1926 - Victor Gibson
1927 - Victor Gibson
1935 - Vincent Diettrich
1938 - André Gascard
1943 - Joseph Gonzales
1969 - Mario Zatelli
1972 - Mario Zatelli
1976 - Jules Zwunka
1989 - Gérard Gili

Coupe d'Europe

1993 - Raymond Goethals

L'Olympique de Marseille est fondé en 1899 par René Dufaure de Montmirail, âgé de 21 ans seulement. Un palmarès impressionnant depuis une première victoire en coupe de France remportée en 1924, suivie de neuf autres. Neuf titres de champion de France à partir de 1937, celui de 1993 annulé à cause d'une tentative de corruption.

L'OM a toujours possédé de grandes équipes mais nous retiendrons celles de Mario Zatelli en 1971 et 1972. Un doublé Coupe-Championnat en 1972 avec le buteur Josip Skoblar, le dribbleur Roger Magnusson, l'arrière central Bernard Bosquier et le gardien Georges Carnus, ces deux derniers en provenance de Saint-Étienne.

Une autre époque est à retenir, la plus glorieuse sans doute, avec l'arrivée de Bernard Tapie qui a pour ambition de reproduire dans le football les succès remportés en cyclisme avec son équipe emmenée par Bernard Hinault. Il s'attache les services des meilleurs joueurs, français ou étrangers : Papin, Boli, Deschamps, Desailly, Barthez, Sauzée, Abedi Pelé, Waddle, Anderson, Giresse, Tigana, Francescoli, Moser... Quatre titres de champion de France consécutifs et une coupe de France sont remportés de 1989 à 1992.

Au niveau européen l'OM brille également et le spectacle est au rendez-vous comme vous le découvrirez dans les pages suivantes.

De 1986 à 1992, Jean-Pierre Papin et ses « papinades » ont enthousiasmé le public marseillais. JPP a été élu Olympien du XXe siècle avec 204 buts marqués et 1 ballon d'Or.

L'équipe de légende vainqueur de la Coupe d'Europe en 1993. De g. à dr. accroupis : Angloma, Pelé, Deschamps, Boksic, Eydelie, Di Meco. Debout : Barthez, Sauzée, Desailly, Völler, Boli.

Et nous allons gagner

Présentation de la coupe d'Europe aux supporters de l'OM. Le capitaine Didier Deschamps brandit le trophée pour un tour d'honneur historique emmené par Boli et Pelé. Bernard Tapie, ci-contre, laisse éclater sa joie.

Aux Armes! aux Armes!

Les larmes de Basile Boli à Bari.

La joie de Basile Boli à Munich.

1990. L'Olympique de Marseille remporte 2 à 1, à domicile, le match aller de la demi-finale de la coupe d'Europe des clubs champions qui l'opposait au Benfica. À Lisbonne, les Marseillais résistent pendant 82 minutes avant que Vava ne marque un but... avec son bras ! La France entière proteste mais les blanc et bleu ne joueront pas leur première finale.

1991. Les Olympiens réussissent l'exploit d'éliminer le Milan AC en quarts de finale. Victorieux du Spartak Moscou en demi-finale, ils rencontrent à Bari l'Étoile Rouge de Belgrade en finale. L'entraîneur Goethals est privé de Cantona, de Tigana, de Stojkovic et de Vercruysse. Un match difficile et une séance de tirs au but qui tourne en leur défaveur après l'échec de Manuel Amoros. Les joueurs sont anéantis, en larmes. Toujours pas de titre européen après Reims et Saint-Étienne qui ont échoué en finale de cette Coupe, la plus prestigieuse au niveau des clubs.

Le coup de tête victorieux de Basile Boli.

1992. Éliminé de la coupe d'Europe des clubs champions en huitièmes de finale, l'OM est en demi-finale de la coupe de France. La rencontre doit avoir lieu au stade Furiani, à Bastia, contre l'équipe locale. Une heure avant le match c'est le drame, une tribune dressée à la hâte s'écroule faisant 18 morts et des milliers de blessés. La 75e finale de la coupe de France ne sera pas jouée.

26 mai 1993. Milan, favori de cette 38e finale, domine en début de partie et Basile se plaint de douleurs à la cuisse. Il demande à sortir mais Bernard Tapie refuse et demande au coach Goethals de le garder sur le terrain. Arrive à la 44e minute le premier corner en faveur des Marseillais. Gêné par Rijkaard, retenu par Baresi, Boli s'élève et place le coup de tête légendaire qui va faire de l'OM le premier club français à remporter la coupe d'Europe des clubs champions !

LES GONES

PALMARÈS

Championnat de France

Entraîneurs

2002 - Jacques Santini

2003 - Paul Le Guen

2004 - Paul Le Guen

2005 - Paul Le Guen

2006 - Gérard Houllier

2007 - Gérard Houllier

2008 - Alain Perrin

Coupe de France

1964 - Lucien Jasseron

1967 - Louis Hon

1973 - Aimé Mignot

2008 - Alain Perrin

2012 - Rémi Garde

L'équipe championne en 2006. Debout de g. à d. : Tiago, Cris, Réveillère, Squillaci, Toulalan, Abidal. Accroupis : Wiltord, Malouda, Coupet, Fred, Juninho.

L'équipe championne d'Europe 2016 autour de leur capitaine Wendie Renard.

L'Olympique lyonnais est fondé en 1950. Jean-Michel Aulas, son président depuis 1987, a dû patienter jusqu'en 2002 pour remporter son premier titre. Avant lui, l'OL stagnait en milieu de tableau malgré quelques joueurs qu'on a plaisir à citer : Bernard Lacombe et ses 149 buts marqués, Fleury Di Nallo, « le petit prince de Gerlan », Serge Chiesa, Jean Tigana ou Raymond Domenech.

Revenus dans l'élite en 1989, les Lyonnais se renforcent chaque année et bénéficient d'une génération de joueurs formés au club comme Florian Maurice. En 1999 arrive le buteur brésilien Sonny Anderson et en 2001 le club termine deuxième du championnat de France et remporte la coupe de la Ligue.

L'Olympique lyonnais va désormais dominer le football français pendant sept ans, dirigé par quatre entraîneurs différents. Une défense solide autour de Cris, un milieu de terrain athlétique avec Diarra et Essien, et une attaque prometteuse avec Benzema et Ben Arfa, issus du centre de formation. Sans oublier Juninho, auteur de 100 buts dont 44 sur coup franc.

Si les garçons cherchent depuis 2009 à reconquérir des titres, les filles écrasent leurs concurrentes françaises et rivalisent avec les meilleures équipes européennes.

Un palmarès impressionnant avec 4 titres de championne d'Europe (le dernier en 2017 contre le PSG) et 11 titres consécutifs de championne de France de 2007 à 2017.

n'est pas lyonnais

Juninho dans ses œuvres, ici en 2007 face à Monaco.

n'est pas lyonnais

LES PRINCES DU PARC

PALMARÈS

Championnat de France

Entraîneurs

1986 - Gérard Houllier

1994 - Artur Jorge

2013 - Carlo Ancelotti

2014 - Laurent Blanc

2015 - Laurent Blanc

2016 - Laurent Blanc

Coupe de France

1982 - Georges Peyroche

1983 - Georges Peyroche

1993 - Artur Jorge

1995 - Luis Fernandez

1998 - Ricardo Gomes

2004 - Vahid Halilhodzic

2006 - Guy Lacombe

2010 - Antoine Kombouaré

2015 - Laurent Blanc

2016 - Laurent Blanc

2017 - Unai Emery

Le Paris-Saint-Germain, fondé en 1970, accède à la Division 1 en 1974 et évolue au Parc des Princes. Les présidents qui se sont succédé se sont attachés à attirer de grands joueurs mais seules des victoires en coupe de France constituent l'essentiel de leur palmarès.

Le 4 juin 1974, le PSG rencontre Valenciennes en match de barrage pour l'accession en Division 1. Victoire 4 à 2, le club rejoint l'élite du football français et Daniel Hechter devient président.

Francis Borelli lui succède en 1978 pendant treize saisons. Deux coupes de France remportées et des joueurs dont on se rappelle les noms : Rocheteau, Bats, Fernandez, Bathenay, Safet Susic...

En 1991, Canal+ et Michel Denisot arrivent. Le recrutement est ambitieux, Artur Jorge comme entraîneur et Le Guen, Valdo, Ricardo, Ginola, Fournier dans un effectif enrichi l'année suivante de Roche, Guérin, Lama, George Weah puis Raï en 1993.

Une première victoire légendaire face au Real Madrid battu 4 à 1 en quarts de finale de la coupe de l'UEFA 1992. En 1998, Charles Biétry remplace Denisot jusqu'en 2006. Les entraîneurs vont se succéder : Giresse, Jorge, Bergeroo, Fernandez, Halilhodzic, Fournier, Lacombe... Les joueurs aussi, parmi lesquels Okocha, Wörns, Benarbia, Anelka, Ronaldinho, Heinze, Dhorasoo, Pauleta.

En 2006, Canal+ revend le club au fonds d'investissement Colony Capital. Une période peu prospère qui s'achève en 2011, avec une seule coupe de France remportée en 2010 et aucune apparition en coupe d'Europe.

De g. à dr. : Boubacar,Toko, Surjak, Dahleb, Lemoult et Fernandez présentent au public la Coupe de France 1982 remportée aux tirs au but face à Saint-Étienne.

chanter Allez allez le PSG Au parc des Princes on va gagner

Vainqueur de Valenciennes en match de barrage, le PSG accède à la Division 1 en 1974. Just Fontaine, directeur technique, dans les bras du vice-président Charles Talar.

Joie des joueurs dans les vestiaires après leur victoire 1 à 0 en finale de la coupe de France 1995 face à Strasbourg

En 2001, le PSG recrute le champion du monde brésilien Ronaldinho. Une adaptation difficile et un conflit avec son entraîneur Luis Fernandez ne lui ont pas permis de s'exprimer totalement.
Il rejoint Barcelone en 2003.

Debout de g. à dr. : Raï, Kombouaré, Le Guen, Lama, Roche.
Accroupis : Weah, Ginola, Guérin, Bravo, Colleter et Cobos.

Le directeur sportif Leonardo et le président Al-Khelaïfi encadrent leurs premiers renforts, Blaise Matuidi et Jérémy Ménez.

De 2012 à 2016, Ibrahimovic a émerveillé le public du Parc des Princes par ses gestes « zlatanesques ».

14 février 2017. Au Parc des Princes, un match éblouissant des Parisiens qui écrasent le Barça 4-0. Aucune équipe n'a réussi à remonter un tel handicap lors du match retour. Le PSG va-t-il enfin éliminer Barcelone?

Été 2011 : Nasser Al-Khelaïfi est nommé président du club par Qatar Sports Investments, nouvel actionnaire majoritaire du PSG. Son projet est ambitieux et pour le réaliser il dispose d'importants moyens financiers. Leonardo devient directeur sportif. Dès décembre, l'entraîneur Carlo Ancelotti remplace Kombouaré. Pastore, Matuidi, Ménez, Sirigu renforcent l'équipe qui termine la saison à la deuxième place et retrouve enfin la coupe d'Europe.

Des renforts sont nécessaires pour bien figurer dans l'épreuve reine : Ibrahimovic, Lavezzi, Thiago Silva, le jeune Verratti. Le PSG remporte le championnat 2012-2013, mais échoue en quarts de finale de la coupe d'Europe face à Barcelone, sans avoir été battu (2-2 et 1-1).

Estimant que l'équipe dirigeante avait douté de lui malgré le titre remporté et le bon parcours de l'équipe en coupe d'Europe, Carlo a préféré rejoindre le Real Madrid. Laurent Blanc est finalement choisi et va s'imposer comme un grand entraîneur capable de gérer les ego d'un effectif sans cesse enrichi de nouveaux joueurs talentueux. Trois saisons et une domination totale au niveau national. Hélas ! trois éliminations en quarts de finale de la Ligue des Champions (Chelsea, Barcelone, Manchester City) vont coûter son poste à Laurent Blanc, remplacé en 2016 par Unai Emery.

Un bilan 2017 décevant pour le PSG qui perd son titre de champion de France remporté par Monaco.

8 mars 2017. Cavani avait marqué le but qui aurait dû empêcher unemiraculeuse « remontada » espérée en Espagne. Menés 3-1 à la 87e minute, les Parisiens encaissent trois autres buts en 8 minutes et sont éliminés. Unai Emery a perdu son challenge.

Joie des Parisiens après leur victoire 4 buts à 2 en finale de la coupe de France face à Marseille. De g. à dr. : Maxwell, Ibrahimovic dont c'était le dernier match avec le PSG, Di Maria, David Luiz lui aussi en partance, Matuidi, Douchez.

Malgré une dernière saison riche d'un deuxième quadruplé national historique, la direction du PSG décide de se séparer de Laurent Blanc. Il est remplacé par Unai Emery qui a remporté consécutivement trois Ligues Europa avec Séville.
A-t-elle eu raison ? Cette fois, il trouvera sur sa route le Real, Barcelone, le Bayern Munich, Arsenal, Dortmund...

Équipe entraînée par Unai Emery en 2016. 1er rang de g. à dr. : Di Maria, Matuidi, Lucas, Verratti, Kurzawa, Cavani. Debout : Marquinhos, Tiago Silva, Rabiot, Aurier, Areola.

LES BLEUS

E LÉGENDE

1982

L'AGRESS

18 novembre 1981. La France doit gagner ses deux derniers matchs pour se qualifier. Contre la Hollande, Michel Platini ouvre le score sur coup franc et Didier Six en inscrira un second sur passe de Rocheteau en fin de rencontre.
La France s'impose ensuite 4-0 face à Chypre et gagne son billet pour l'Espagne.

Un premier match catastrophique perdu 3-1 face à l'Angleterre. Une victoire 4-0 aux dépens du Koweït mais une anecdote qui mérite d'être racontée.

Les Bleus mènent 3-0 quand le Koweït sauve l'honneur. La France continue à dominer et Giresse marque un quatrième but à la 78ᵉ minute. À la surprise générale, le cheik Fahid Al-Ahmad Al-Sabah descend sur le terrain et fait signe à ses joueurs de sortir. Un coup de sifflet est parti des tribunes peu avant l'action de but et il explique que ses joueurs ont été déconcentrés ! L'incroyable, c'est que l'arbitre l'écoute et annule le but malgré les protestations de Michel Hidalgo, furieux et repoussé par la police espagnole. Justice sera rendue avec un autre but de Bossis.

Au second tour, la France, victorieuse face à l'Autriche et à l'Irlande du Nord, accède aux demi-finales. Les Bleus rencontreront l'Allemagne à Séville.

Un match inoubliable. Menée 1-0 après un but de Littbarski, la France égalise sur penalty transformé à la 26ᵉ minute par Platini suite à un fauchage de Rocheteau par Förster. Les Bleus dominent après le repos quand Battiston reçoit à la 57ᵉ minute un ballon qui lui offre la possibilité de se présenter seul devant Schumacher sorti pour l'impressionner. Un face à face dramatique où le gardien allemand percute intentionnellement et violemment la tête de Battiston avec sa hanche, sans se soucier un instant du ballon qui va sortir tout près du but. Commotionné, le joueur français perd trois dents dans ce contact et doit être évacué sur une civière.

Battiston a compris les intentions de Schumacher et précipite son lob.

Le scandale, c'est que cette agression qui valait l'expulsion ne va pas être sanctionnée, l'arbitre se contentant d'une remise en jeu. Révoltés par cette décision et soutenus par le public qui hue Harald Schumacher à chaque intervention, les Français voient à la dernière minute du temps réglementaire une frappe de Manuel Amoros s'écraser sur la barre transversale. Les deux équipes vont donc devoir se départager au cours des prolongations de trente minutes.

ON IMPUNIE DE SCHUMACHER

**Pour ne pas risquer de se blesser,
Schumacher heurte la tête de Battiston avec sa hanche.**

Un véritable attentat qui propulse Battiston à plusieurs mètres.

Marius Trésor, dès la 93e minute, reprend de volée un coup franc obtenu par Platini sur le flanc droit et tiré par Giresse. La France mène 2-1.

C'est au tour de Giresse, à la 99e minute, de conclure une action amorcée par Rocheteau sur l'aile droite. Une passe à Platini qui fixe son défenseur avant de glisser le ballon sur sa gauche à Didier Six qui a vu Alain Giresse en retrait. Son tir heurte l'intérieur du poteau droit de Schumacher et la France mène 3-1! Deux buts d'avance, la finale est dans la poche...

Hélas ! après deux fautes consécutives non sifflées sur Giresse et Platini, les Allemands marquent par le puissant Rummenigge qui vient de rentrer. Nous sommes à la 103e minute et les Bleus se mettent à douter. L'impensable se produit à la 108e minute, quand Fischer égalise d'un retourné. Pour la première fois, un match de la coupe du Monde va se jouer aux tirs au but. Le tir de Maxime Bossis est repoussé par Schumacher et Hrubesch envoie son équipe en finale qu'elle remportera 3-1 contre l'Italie.

Accroupis de g. à dr. : Rocheteau, Genghini. Giresse, Platini, Six. Debout : Trésor, Ettori, Janvion, Amoros, Bossis, Tigana.

Battiston a remplacé Genghini blessé et a été lui même remplacé par Lopez.

1984

Les joueurs autour de leur entraîneur Michel Hidalgo qui quittera son poste après cette victoire. Au premier rang : Tusseau, Bats, Amoros, Giresse et Six. Debout : Bergeroo, Bellone, Le Roux, Genghini, Domergue, Fernandez, Hidalgo, Platini, Battiston, Bravo et Ferreri qui masque Lacombe.

Michel Platini soulève la Coupe devant François Mitterrand. Avec neuf buts à son compteur, il termine meilleur joueur du tournoi et meilleur buteur. Un record aujourd'hui encore inégalé.

À droite, l'énorme faute de main du goal espagnol Luis Arconada, peut-être la seule de sa carrière. Cette cruelle bévue porte désormais son nom.

L'Euro 84 se déroule en France et offre l'occasion à la bande de Platini de se venger de l'injustice dont elle a été victime à Séville en 1982. L'équipe est plus expérimentée et Luis Fernandez est venu remplacer Genghini au sein du « carré magique » avec Platini, Giresse et Tigana.

Le 12 juin, au Parc des Princes, les Bleus l'emportent difficilement 1-0 face au Danemark grâce à un premier but de Platini dans ce tournoi. Ils rencontrent ensuite la Belgique qu'ils écrasent 5-0 et Platini marque encore trois fois. Reste la Yougoslavie à vaincre pour une place en demi-finale. La France l'emporte 3-2 et Platini, du pied droit, d'une tête plongeante puis du pied gauche réussit le « coup du chapeau », marquer trois buts à la suite.

Les Français s'attendaient à retrouver les Allemands et Schumacher, mais ce sont l'Espagne, le Danemark et le Portugal qui se sont qualifiés.

Le 23 juin à Marseille, la France est opposée au Portugal. Un match historique. À la 23e minute, un coup franc est sifflé en faveur des Bleus, à une vingtaine de mètres et légèrement sur la gauche du gardien Bento. Ce dernier place son mur en fonction de la position de Platini, s'attendant à une frappe brossée du pied droit. Michel amorce sa course mais en même temps Domergue, profitant de l'espace ouvert, expédie du pied gauche un tir puissant dans la lucarne droite.

La France mène, mais à la 75e minute une tête de Jordao remet les deux équipes à égalité. Elles devront se départager au cours des prolongations et les souvenirs de Séville ressurgissent dans les esprits... Cette fois, ce sont les Français qui encaissent un but après huit minutes, mais à cinq minutes de la fin Domergue va égaliser. Allons-nous revivre l'enfer de la séance de tirs au but de Séville ? À quelques secondes de la fin, Tigana se démène à droite de la surface adverse, il dribble et centre en retrait pour Platini qui contrôle calmement le ballon et marque !

Le 27 juin, au Parc des Princes, la France est opposée à l'Espagne pour sa première finale dans une compétition majeure. Rien avant la 57e minute où une faute est commise sur Bernard Lacombe à l'entrée de la surface de réparation. La frappe de Platini semble anodine et le gardien espagnol bien placé sur la trajectoire. Le public exprime sa déception puis se déchaîne. Arconada vient de relâcher le ballon qui roule dans le but. Les Espagnols se ruent à l'assaut pour égaliser mais à une minute de la fin du match, Bellone profite d'un contre pour marquer. 2-0, la France triomphe et est sacrée championne d'Europe.

CHAMPIONS D'EUROPE!

1986

L'agression de Séville a laissé des traces et le public de Guadalajara se charge de le rappeler au gardien de but allemand.

Accroupis de g. à dr. : Papin, Giresse, Platini, Rocheteau, Tigana.
Debout : Amoros, Bats, Bossis, Battiston, Tusseau, Fernandez.

On attend beaucoup de l'équipe de France désormais emmenée par le sélectionneur Henri Michel qui a remplacé Michel Hidalgo après l'Euro 84.
Les Bleus ont fait une bonne préparation mais Michel Platini joue blessé et Alain Giresse, 34 ans, peine à suivre le rythme. Mexico se trouve en altitude et la chaleur est étouffante.

Au premier match, les Français battent 1-0 le Canada grâce à un but de la tête de Papin. Un nul 1-1 face à l'Union soviétique, une victoire 3-0 contre la Hongrie et les Bleus accèdent aux huitièmes de finale. Rocheteau délivre deux passes décisives à Platini et à Stopyra et la France élimine l'Italie.

C'est le Brésil qu'il faut cette fois affronter. Un match spectaculaire et aux multiples rebondissements. Platini répond à la 40e minute à Careca qui a ouvert le score dès la 17e minute. Entré à la 71e minute, Zico se charge de tirer le penalty sifflé par l'arbitre après une faute de Bats sur Branco. L'icône du football brésilien pose délicatement le ballon, s'élance, frappe… mais le gardien français détourne le tir ! Consternation du côté jaune et vert et euphorie chez les Bleus. Une fin de match et des prolongations sans but, il va falloir se départager par la cruelle série de tirs au but.

Socrates se présente le premier, son tir est détourné par Bats. Stopyra marque le sien et donne l'avantage à la France. Alemao, Zico et Branco transforment leur tentative, de même qu'Amoros et Bellone pour les tricolores. Malheureusement, Platini rate son tir qui passe au-dessus du but. Égalité. C'est au tour de Julio Cesar de s'élancer, mais sa frappe s'écrase sur le poteau gauche de Bats. Si Luis Fernandez réussit, la France se qualifie. Il ne tremble pas et prend à contre-pied Carlos. La France rencontrera l'Allemagne en demi-finale.

Ce 25 juin à Guadalajara, les Français ont soif de revanche et espèrent réparer l'injustice de Séville. Une tâche impossible pour des joueurs épuisés et pas tous au sommet de leur forme. Une défaite 2-0 et la fin d'un cycle pour une magnifique équipe qui a donné à la France tant de plaisir et qu'il va falloir reconstruire.

Le 28 juin, Henri Michel fait appel à ses remplaçants et les Bleus se consolent en remportant la « petite finale » 4-2 face à la Belgique.

AVEC LES HONNEURS

« Allez mon petit bonhomme... Ouai !!!!!!!! » Thierry Roland peut s'enthousiasmer, Luis Fernandez élimine le Brésil et qualifie la France pour les demi-finales.

1998

FRANCE 98
WORLD CUP

Le geste de Lilian Thuram après son deuxième but est resté célèbre. Il n'en revient pas. Jamais il n'avait marqué auparavant et son exploit va qualifier les Bleus pour la finale.

La traditionnelle bise de Laurent Blanc sur le crâne chauve de Barthez. Superstition ? Non, un souvenir d'une soirée festive...

La France vient de remporter la première coupe du Monde de son histoire, les joueurs sont fous de joie.

Aimé Jacquet, après Michel Platini et Gérard Houllier, est le nouveau sélectionneur de l'équipe de France. Il a choisi de ne pas retenir Cantona, Papin et Ginola pour l'Euro 96 en Angleterre. Les Bleus ont terminé à une prometteuse troisième place malgré un Zidane qui n'a pas pu donner le meilleur de lui-même, blessé dans un accident de voiture quelques jours avant le début de la compétition.

En 1998, la coupe du Monde se déroule chez nous et la France ne peut jouer que des matchs amicaux en guise de préparation. Des résultats moyens et les polémiques fusent, alimentées par *l'Équipe*. La suite donnera raison au sélectionneur.

À Marseille, le premier match oppose les Bleus à l'Afrique du Sud. Christophe Dugarry ouvre le score de la tête et la France l'emporte 3-0. Contre l'Arabie Saoudite, une victoire facile (4-0) mais ternie par un carton rouge pour Zidane, qui lui vaut deux matchs de suspension, et la blessure de Dugarry. Zinédine fait son retour en quarts de finale contre l'Italie. Un score nul 0-0 après les prolongations et une victoire 4-3 aux tirs au but. Zidane, Lizarazu, Trezeguet, Henry et Blanc ont marqué ; le tir de Di Bagio frappe la barre transversale. La France se qualifie pour les demi-finales et rencontrera la Croatie le 8 juillet au Stade de France.

ET UN, ET DEUX ET TROIS ZÉRO!

Corner pour la France à la 27e minute. Emmanuel Petit traverse le terrain pour le tirer à droite. Une trajectoire rentrante et une magnifique reprise de la tête de Zinédine Zidane qui marque son premier but dans l'épreuve.

La seconde mi-temps est à peine commencée quand Suker, profitant du mauvais alignement de Thuram, ouvre la marque pour les Croates. Le même Thuram se rachète la minute suivante. Après un une-deux avec Djorkaeff, il s'engouffre dans la surface de réparation et égalise.

À la 70e minute, Lilian Thuram monte une nouvelle fois sur son aile droite, une première tentative de une-deux avec Henry échoue mais Thuram récupère le ballon et sa frappe du gauche au ras du poteau est imparable. Peu après ce but, Laurent Blanc est injustement expulsé à la suite d'une action où il repousse Bilic qui le retient par le maillot. Le Croate simule une agression et se roule par terre. L'arbitre est abusé et sort le carton rouge. À dix, la France résiste (2-1). Laurent Blanc, qui a qualifié la France en huitièmes de finale grâce à son but en or contre le Paraguay, ne jouera pas la finale et sera remplacé par Frank Lebœuf.

Les Français champions du monde : Fabien Barthez, Lilian Thuram, Marcel Desailly, Frank Lebœuf, Bixente Lizarazu, Didier Deschamps, Christian Karembeu, Emmanuel Petit, Zinédine Zidane, Youri Djorkaeff, Stéphane Guivarc'h, Alain Boghossian, Christophe Dugarry, Patrick Vieira, Laurent Blanc, Thierry Henry, David Trezeguet, Bernard Diomède, Vincent Candela, Robert Pirès, Lionel Charbonnier, Bernard Lama.

1998

12 JUILLET

La victoire est historique et Aimé Jacquet est porté en triomphe. Ses Bleus ont fait taire les grincheux et les sceptiques.

Les Brésiliens, champions du monde en titre, sont favoris, mais les Bleus sont portés par un public tout acquis à leur cause. Ronaldo est bien présent malgré un malaise le matin même. Un match équilibré jusqu'au corner concédé à la 27e minute par l'arrière Roberto Carlos. Zidane, qui n'a joué que deux matchs après son carton rouge, se rappelle au bon souvenir de Leonardo qui le marque. Un magistral coup de tête et la France mène 1-0.

Un deuxième corner à la fin de la première mi-temps, cette fois tiré à gauche par Youri Djorkaeff, est une nouvelle fois repris de la tête par Zidane qui réussit le doublé.

En seconde mi-temps, les Brésiliens vont résolument se lancer à l'attaque pour réduire le score. Marcel Desailly hérite d'un premier carton jaune dès la 46e minute, suivi d'un deuxième à la 67e. Expulsé, il est remplacé par Viera. Djorkaeff cède sa place et Petit glisse arrière central. Réduits à dix les Français résistent, un peu chanceux sur un tir de Denilson qui heurte la barre transversale de Barthez.

Le temps réglementaire s'achève ; un ultime corner est accordé aux Brésiliens qui sont tous montés mais Christophe Dugarry récupère le ballon. Il remonte le terrain, passe sur sa gauche à Patrick Vieira qui prolonge pour Emmanuel Petit qui s'est précipité en pointe. Du gauche, il croise son tir et marque le troisième but. C'est de la folie dans le stade, la France est championne du monde !

Le soir même, un million et demi de personnes font la fête sur les Champs-Élysées, et le lendemain les héros y sont célébrés dans une liesse populaire sans pareille.

FRANCE 98
OPEL
CANAL+
adidas
FRANCE

2000

EURO 2000

Le ballon vient de quitter le pied gauche de Trezeguet et c'est le but en or.

De g. à dr. : Deschamps, Wiltord, Lizarazu, Desailly, Pirès, Vieira (caché), Thuram, Henry.

Les joueurs savourent l'exploit qu'ils viennent de réaliser et ne veulent plus quitter la pelouse.

Nos champions du monde 1998 vont-ils confirmer leur statut en Belgique et aux Pays-Bas ? Roger Lemerre, adjoint d'Aimé Jacquet, lui a succédé sur le banc et l'équipe de France s'est difficilement qualifiée pour l'Euro 2000 devant l'Ukraine et la Russie.

Au premier tour, les Pays-Bas, la République tchèque et le Danemark sont opposés à la France qui termine deuxième du groupe et se qualifie pour les quarts de finale où elle rencontrera l'Espagne.

Zinédine Zidane ouvre la marque à la 32e minute d'une magnifique frappe en pleine lucarne consécutive à un coup franc accordé pour une faute sur Thierry Henry. L'ailier Munitis en fait voir de toutes les couleurs à Lilian Thuram et obtient un penalty transformé par Mendieta à la 38e minute. Tout est à refaire. C'est Djorkaeff qui redonne l'avantage 2-1 aux Bleus à la 44e minute sur une passe de Vieira. En seconde mi-temps la France résiste, mais Barthez accroche le pied d'Abelardo à la 89e minute... Pénalty ! Mendieta, le tireur habituel, a été remplacé, et c'est Raoul qui s'élance. Sa frappe passe au-dessus de la lucarne et la France est en demi-finale.

Contre le Portugal, une nouvelle prestation de Zidane qui transforme à la 111e minute un penalty généreusement accordé pour une main d'Abel Xavier.

La finale contre l'Italie est digne d'un scénario d'Hitchcock. Les Italiens mènent 1-0 depuis la 55e minute et nous sommes à la 94e minute. Leurs remplaçants sont alignés le long de la ligne de touche, bras en l'air, prêts à envahir le terrain au coup de sifflet final. Les Azzurri font tourner la balle dans le camp français et un dernier coup franc est tiré par Barthez qui envoie le ballon dans la boîte. Trezeguet dévie de la tête sur Wiltord qui trompe Toldo d'un tir croisé du gauche. Les Bleus sont regonflés à bloc après cette égalisation inespérée, plus encore à la 103e minute, quand Pirès déborde sur le flanc gauche, centre en retrait sur Trezeguet dont la reprise du gauche est imparable. La France réussit l'exploit de remporter la coupe d'Europe 2000 après la coupe du Monde 1998. À noter que les trois acteurs décisifs sur les deux buts, Wiltord, Trezeguet et Pirès, sont entrés en cours de jeu. Bravo au coaching de Roger Lemerre.

CHAMPIONS D'EUROPE!

Après ces moments de bonheur, on attendait d'autres exploits de l'équipe de France malgré les départs de Didier Deschamps et Laurent Blanc. Aucun but marqué dans le groupe A lors du premier tour de la coupe du Monde 2002 et défaite face à la Grèce en quart de finale de la coupe d'Europe 2004.

2006

LE TEMPS

Raymond Domenech a été nommé sélectionneur après l'Euro 2004. Quatre nuls en six matchs de préparation incitent Zidane, Thuram et Makelele à annoncer leur retour en sélection. Grâce à ces renforts, la France termine première de son groupe et se qualifie pour l'Allemagne.

Dans un groupe où elle doit affronter la Suisse, puis la Corée du Sud, la France débute par deux match nuls. Zidane a reçu deux cartons jaunes au cours de ces rencontres et est suspendu pour un dernier match décisif contre le Togo. Vieira et Henry marquent en seconde mi-temps et la France se qualifie pour les huitièmes de finale.

Le 27 juin, la France rencontre l'équipe d'Espagne qui ouvre la marque par David Villa sur penalty. Ribéry riposte à la 41e minute après avoir dribblé le gardien Casillas. Viera double la mise à la 83e minute et Zidane donne le coup de grâce à la 92e minute. Il se rappelle au bon souvenir d'une presse espagnole annonçant déjà sa retraite et une victoire certaine de son équipe.

Une fois encore, Zinédine va démontrer contre le Brésil, en quarts de finale, que l'heure n'est pas venue. Il plane sur le match, réussit prouesses techniques, passes millimétrées et contrôles orientés face à des adversaires admiratifs. Thierry Henry marque à la 57e minute et les Bleus affronteront le Portugal en demi-finale le 5 juillet.

Un match difficile où la défense française doit s'opposer aux offensives menées par Figo, Ronaldo ou Pauleta. Zidane, sans élan, transforme le penalty accordé pour un fauchage de Thierry Henry à la 33e minute. Sa frappe, à ras de terre, trouve le petit filet à la droite du gardien Ricardo. Les Portugais ne parviennent pas à marquer et la France est en finale de la coupe du Monde 2006. Elle affrontera l'Italie le 9 juillet à Berlin.

Pénalty dès la 7e minute ! Zidane va réaliser un dernier coup de génie face à Buffon, le meilleur gardien du monde. On s'en souvient, Buffon sans doute aussi, Zinédine avait choisi le petit filet côté droit du goal portugais en demi-finale. Cette fois il va tenter l'impensable, l'inimaginable, une « Panenka », pichenette dérisoire, qui envoie le ballon sous la transversale, la touchant même. Buffon, parti à droite et déjà à terre, regarde médusé le ballon qui n'a pas encore franchi la ligne. Un avantage de courte durée puisque Materazzi égalise à la 19e minute.

Buffon, impuissant, n'en revient pas des risques pris par Zidane pour tirer ce penalty.

DES REGRETS

Zinédine Zidane, auteur d'un grand match, a humilié les Brésiliens.

En seconde mi-temps, les deux équipes se créent des occasions mais aucune n'est concrétisée. Les prolongations débutent, la France domine et une tête de Zidane est difficilement détournée par Buffon à la 103e minute. Puis l'impensable à la 107e minute. Une action offensive des Bleus est repoussée pendant laquelle Materazzzi à retenu Zidane par le maillot : « Si tu le veux, je te le donnerai après le match », et Zinédine tourne le dos pour se replacer. Materazzi le poursuit alors et traite sa sœur de putain… La famille est sacrée chez les Zidane, il pète les plombs et assène à Materazzi un coup de boule dans le thorax. Le jeu s'est poursuivi pendant ce temps et aucun des trois arbitres de jeu n'a vu le geste. Mais le quatrième arbitre témoigne et pendant que la scène est diffusée sur les écrans du stade, Zidane reçoit son carton rouge. À dix, les Français résistent et le titre va se jouer aux tirs au but. Wiltord, Abidal et Sagnol marquent mais Trezeguet, l'auteur du but en or en finale de l'Euro 2000, voit son tir heurter la barre transversale. La France pardonnera à Zizou, meilleur joueur de ce Mondial, mais que ce serait-il passé s'il n'avait pas craqué?

2014

Didier Deschamps porté en triomphe après la victoire qui qualifie la France pour le Brésil.

La coupe du Monde 2010 a été catastrophique pour l'image de l'équipe de France. D'abord, une qualification imméritée contre la République d'Irlande en match retour de barrage, obtenue grâce à une déviation de la main de Thierry Henry sur William Gallas qui marque à la 103e minute. Ensuite, un comportement scandaleux des Bleus de Domenech, insulté par Anelka, battus par le Mexique puis refusant de s'entraîner à la suite de l'exclusion du joueur.

Tout est à reconstruire. Didier Deschamps succède à Laurent Blanc en 2012 et sa mission est de qualifier la France pour le Mondial au Brésil. Les Bleus terminent à la deuxième place de leur groupe et affronteront l'Ukraine en match de barrage. Battue 2-0 à Kiev, la France doit s'imposer par trois buts d'écart au match retour.

Au Stade de France, le public est derrière son équipe et commence à y croire quand Sakho marque à la 22e minute. Plus encore après le but de Benzema à la 34e minute qui remet les deux équipes à égalité sur les deux matchs à la mi-temps. Dès la reprise, le défenseur ukrainien Khacheridi est expulsé et les occasions sont nombreuses pour les Bleus. Le but libérateur est finalement obtenu à la 72e minute par Mamadou Sakho, l'homme du match. Les joueurs se sont réconciliés avec leur public et seront bien présents au Brésil.

Après un premier but refusé pour hors-jeu, Karim Benzema égalise 2-2 sur l'ensemble des deux matchs. Tout est redevenu possible, il court se jeter dans les bras de Didier Deschamps.

LA RÉCONCILIATION

Les joueurs entonnent une *Marseillaise* reprise par le public. Knysna 2010 est définitivement oublié.

Au premier tour, les Bleus l'emportent 3-0 sur le Honduras puis 5-2 face à la Suisse. Le match nul 0-0 contre l'Équateur permet à la France de terminer première de son groupe et d'accéder à la phase avec élimination directe.

En huitièmes de finale, la France se défait difficilement du Nigéria. La chaleur est suffocante et il faut attendre la 79ᵉ minute pour voir Pogba marquer de la tête après une mauvaise sortie sur corner du gardien. Le second but est marqué contre son camp par Yobo, pressé par Antoine Griezmann qui a remplacé Giroud.

Cette fois encore, c'est l'Allemagne qu'il faut affronter le 4 juillet en quarts de finale. À la 13ᵉ minute, Hümmels place une tête gagnante et la France est pour la première fois menée depuis le début de la compétition. Les Bleus continuent à y croire, mais Valbuena (36ᵉ), Benzema (44ᵉ), Varane (59ᵉ), Matuidi (76ᵉ) se heurtent à un Manuel Neuer impérial qui va une fois encore, à la dernière minute, repousser une frappe lourde de Benzema.

La France est éliminée mais le bilan est positif : les joueurs ont montré un état d'esprit irréprochable. Une défaite honorable face à des Allemands qui vont humilier le Brésil 7-1 en demi-finale avant de remporter l'épreuve 2-0 face à l'Argentine.

Détente impressionnante de Giroud qui s'élève au-dessus de Pogba et du Nigérian Omeruo.

Suisse-France (2-5). Le troisième but marqué par Valbuena sur un centre de la gauche de Giroud.

Suisse-France (2-5). Olivier Giroud vient de reprendre victorieusement de la tête un corner tiré par Valbuena. C'est le centième but de la France en coupe du Monde et les Bleus mènent 1-0. Il se précipite dans les bras des remplaçants français

Un pays en pleurs après l'humiliante défaite 7-1 du Brésil face à l'Allemagne.

Hugo Lloris et Raphaël Varane en fâcheuse posture devant Mats Hümmels, auteur du but allemand à la 13e minute.

2016

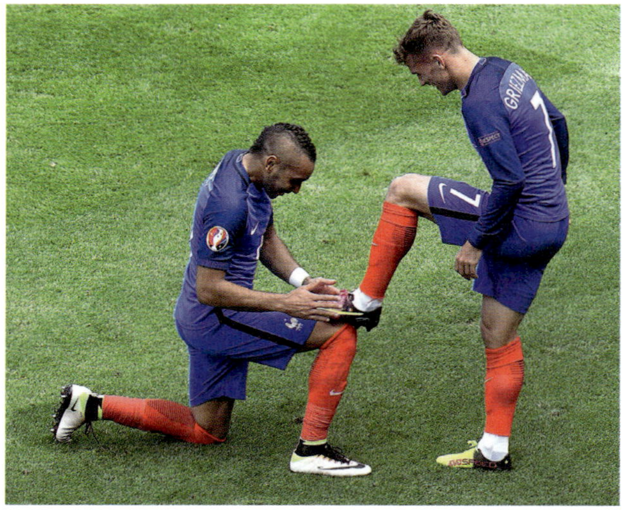

Payet « cire les pompes » de Griezmann, meilleur joueur de cet Euro.

Griezmann vient de reprendre de la tête un centre de Payet et ouvre la marque contre l'Albanie à la 90e minute.

Matuidi, pas forcément académique mais toujours indispensable aux Bleus.

Didier Deschamps, satisfait de la prestation de ses joueurs pendant la coupe du Monde 2014, doit compenser les absences pour blessure de Varane, de Mathieu et de Diarra. Sakho est suspendu, Benzema et Valbuena écartés pour cause extra-sportive. Peu importe, l'ossature est de qualité et les Français sont convaincus qu'avec un peu plus d'audace ils auraient pu battre les Allemands en 2014.

Le 10 juin, au Stade de France, les Bleus battent la Roumanie 2-1. Le 15 juin à Marseille, ils confirment 2-0 face à l'Albanie puis se contentent d'un nul 0-0 contre la Suisse le 19 juin à Lille. Giroud a justifié sa présence en marquant et l'association Payet-Griezmann est séduisante et efficace.

Le 26 juin à Lyon, Griezmann marque encore deux fois contre l'Irlande et qualifie la France pour rencontrer l'Islande en quarts de finale. Une surprenante équipe qui dispute pour la première fois une compétition majeure et a obtenu le nul contre le Portugal. En huitièmes de finale, les Islandais éliminent l'Angleterre 2-1 et se révèlent être une redoutable équipe difficile à jouer. Leur joie se manifeste par leur traditionnel « clapping » repris dans plusieurs pays.

LE PLUS DUR ÉTAIT FAIT

Prodigieuse détente de Pogba qui marque le deuxième but de la France face à l'Islande.

Au Stade de France, le 3 juillet, les Bleus se méfient de ces Islandais athlétiques et de leurs longues touches. Dès la 12e minute, Olivier Giroud marque d'un tir croisé entre les jambes du goal. À la 20e minute, c'est Pogba qui enfonce le clou de la tête sur un corner de Griezmann. Deux autres buts marqués avant la mi-temps par Payet et Griezmann ruinent les espoirs islandais de revenir au score.

En seconde mi-temps, Giroud marque de la tête à la 59e minute, répondant ainsi au but islandais inscrit par Sigthorsson à la 56e minute. Un dernier relâchement à la 84e minute et Lloris doit une seconde fois s'incliner sur une tête de Bjarnason.

Les Bleus, après cette rassurante victoire 5-2, rêvent de prendre leur revanche sur l'Allemagne en demi-finale.

Dans un stade en folie, Griezmann reprend un ballon cafouillé par Neuer et qualifie la France pour la finale contre le Portugal.

Les Bleus sont fous de joie, ils viennent enfin de réaliser leur rêve, battre les Allemands.

7 juillet 2016, à Marseille. Toute la journée, sur le Vieux-Port, les supporters allemands ont scandé « Adieux les Bleus ! », certains d'une victoire de leurs joueurs que les Français n'ont jamais réussi à battre dans une compétition officielle.

C'est oublier que le Vélodrome et son public ont souvent porté chance à l'équipe de France. Une vibrante *Marseillaise* et les Bleus se lancent à l'attaque. Une première occasion à la 7e minute quand un tir de Griezmann est difficilement détourné par Neuer. À Lloris ensuite de se distinguer par trois fois. Juste avant la pause, Evra dispute une balle à Schweinsteiger qui la touche de la main. Penalty ! Antoine Griezmann prend Neuer à contrepied et la France mène 1-0.

À la 72e minute, Pogba s'échappe sur la gauche, dribble Mustafi et centre. Le ballon, mal dégagé par Neuer, retombe devant Griezmann qui l'expédie dans le but. Une dernière claquette de Lloris dans les arrêts de jeu et la France est en finale.

Les progrès d'Antoine Griezmann sont constants depuis le Mondial 2014. Sacré en 2016 meilleur joueur de la Liga, il termine meilleur buteur et meilleur joueur de cet Euro.

Rendez-vous est pris le 10 juillet 2016, au Stade de France, pour affronter le Portugal. Après avoir vaincu les ogres allemands, comment imaginer perdre contre des Portugais tenus en échec face aux Islandais au premier tour ? C'est oublier que le football n'est pas une science exacte et qu'un match n'est jamais gagné d'avance.

L'entame de match des Français est séduisante mais la tête de Griezmann qui prenait le chemin de la lucarne à la 10e minute est repoussée d'une claquette par Rui Patricio. Un instant perturbés par la sortie de Ronaldo sur blessure à la 24e minute, les Portugais se regroupent en défense. Les occasions françaises sont rares : tir de Sissoko à la 34e minute, tête de Griezmann seul aux six mètres (65e), tir de Pogba (83e).

Gignac a remplacé Giroud à la 78e minute. Servi par Evra à la 91e minute, il se joue de Pepe et frappe. Le gardien portugais est battu mais le ballon s'écrase sur le poteau. Les Bleus viennent de passer tout près de la victoire et attaquent les prolongations.

Premier avertissement à la 108e minute sur un coup franc de Guerreiro qui trouve la transversale. La minute suivante, Eder résiste à la charge de Koscielny et expédie des vingt-cinq mètres un tir croisé à ras de terre qui trompe Lloris sur sa droite. C'est la consternation dans le stade et partout en France où l'on s'apprêtait à fêter un troisième titre de champion d'Europe après 1984 et 2000.

Blessé au genou après ce choc avec Dimitri Payet, Ronaldo quittera le terrain à la 24e minute.

Hugo Lloris ne pouvait rien sur le tir d'Eder, entré à la 79e minute. Il n'avait joué que treize minutes depuis le début de la compétition avant de devenir le bourreau des Bleus.

Critiqué hier, Eder devient le héros de tout un peuple. Grâce à son but, le Portugal remporte son premier titre international.

PLANÈTE
FOOT

HONDA
HONDA

Septembre 2005. Des enfants offrent un ballon de football à Benoît XVI à la fin de l'audience hebdomadaire sur la place Saint-Pierre de Rome.

Mai 2003. Mme Chirac, venue à Kaboul pour poser la première pierre de « L'hôpital de la Mère et de l'Enfant », distribue des ballons et des maillots de l'équipe de France de football.

Des ballons dans la cour d'une école primaire de Blackburn et le prince William ne peut s'empêcher de participer à la séance d'entraînement.

Zinédine Zidane partage la joie des enfants et des spectateurs lors de son voyage au Bangladesh en 2006.

Football en pays massaï.

Football dans la réserve indienne de la rivière Xingu au Brésil.

Sur la plage d'Ipanema à Rio de Janeiro.

Match de football
sur le terrain de Cuadra
à Favela Rocinha.

Des enfants pauvres jouent au football à Mayotte.

Les Qataris ont décoré leurs voitures
pour célébrer l'organisation
de la coupe du Monde de football 2022.

MAERSK
OIL
ميرسك للبترول
VIP
GMC
YUKON

OBJECTIF 2018 BIEN

Transféré du Stade rennais au Borussia Dortmund, Ousmane Dembélé affole à chaque match les défenses allemandes.

Thomas Lemar est un joueur essentiel dans l'effectif de Monaco. Ses coups francs sont redoutés.

VENUS CHEZ LES BLEUS

Doté d'un talent exceptionnel alliant la vitesse et la technique, Kylian Mbappé garde la tête froide devant les propositions mirobolantes des plus grands clubs européens.

Adrien Rabiot a fait d'énormes progrès au sein du PSG. Il sera un élément sur lequel Didier Deschamps pourra compter.

Réponses aux questions qui demandaient l'aide de tes parents.

Page 39 - Diego Maradona n'a jamais reçu le ballon d'Or de façon officielle mais à titre honorifique. En effet, jusqu'en 1995 le trophée était uniquement décerné au meilleur joueur de nationalité européenne jouant en Europe.

Page 42 - En haut à gauche : Didier Deschamps.
En bas à gauche : Marcel Desailly.
En haut à droite : Christian Karembeu.
En bas à droite : Claude Makelele.

Page 44 - Il s'agit de Salif Keïta. Parti clandestinement du Mali en 1967 pour rejoindre le club de Saint-Étienne, il débarque à Orly sans avoir prévenu les dirigeants. N'étant pas attendu et sans argent, il demande à un taxi de le conduire au stade Geoffroy-Guichard. Rassuré par un coup de téléphone, le chauffeur accepte et sera payé par le club.

Questions auxquelles tu peux répondre si tu as bien lu le livre.

A - Que fait Robert Jonquet, capitaine de l'équipe de France en Suède, dans les vestiaires ?
B - Qui a marqué le plus de buts dans une coupe du Monde ?
C - D'où vient le surnom de Garrincha, le célèbre dribbleur brésilien ?
D - À quel goal de l'équipe de France les amateurs devaient marquer des buts sur la piste du cirque Jean-Richard ?
E - Dans quel club Pelé a-t-il terminé sa carrière ?
F - Quel reproche pouvait-on faire à Cruyff à la mi-temps des matchs ?
G - Avec quel mur s'entraînait Michel Platini pour tirer ses coups francs ?
H - Maradona a marqué un but qui aurait dû être refusé. Pourquoi ?
I - Que font les spectateurs anglais de Manchester City quand ils aperçoivent Cantona dans les tribunes ?
J - Comment Zidane a marqué ses deux buts en finale de la coupe du Monde 1998 ?
K - Comment surnomme-t-on familièrement Messi ?
L - Combien de buts a marqué Zlatan Ibrahimovic avec le PSG ?
M - Quel trophée international Cristiano Ronaldo a remporté avec le Portugal ?
N - Qui a marqué le but de la victoire pour Marseille en finale de la coupe d'Europe des clubs champions ?
O - Qui était le tireur de coup franc lyonnais tant redouté ?
P - Combien de coupes de France remportées par le PSG ?
Q - Comment appelle-t-on une grossière erreur d'un gardien de but ?
R - Qui a marqué le but en or qui a donné la victoire à la France lors de l'Euro 2000 ?
S - Quel geste risqué a tenté et réussi Zidane en finale de la coupe du Monde 2006 ?
T - Quel était l'exploit que devaient réussir les Bleus pour participer à la coupe du Monde 2014 ?
U - Pourquoi peut-on dire que « le plus dur était fait » en demi-finale de l'Euro 2016 ?

Réponses

A - Il prend soin de ses chaussures en ajustant lui-même ses crampons.
B - Just Fontaine avec 13 buts.
C - Du nom d'un petit oiseau local qui préférait mourir que de se laisser attraper.
D - Julien Da Rui.
E - Au Cosmos de New York.
F - De fumer.
G - Un mur constitué de mannequins.
H - Le but a été marqué de la main.
I - Ils chantent la *Marseillaise*.
J - De la tête.
K - « La pulga » (la puce).
L - 156.
M - L'Euro 2016.
N - Basile Boli.
O - Juninho.
P - Onze après sa victoire en 2017.
Q - Une « Arconada ».
R - David Trezeguet.
S - Une « Panenka ».
T - Battre l'Ukraine par 3 buts d'écart.
U - Les Bleus avaient enfin battu les Allemands et étaient logiquement donnés favoris face aux Portugais.

LES PHOTOGRAPHIES DE CET ALBUM SONT DE PRESSE-SPORTS
(sauf celles du chapitre « Planète Foot » - Agence Gamma/Rapho)

Conception et écriture visuelle : Benoit Nacci
Maquette : Valérie Verroye-Nacci

ISBN : 978-2-37801-000-3
Dépôt légal : Octobre 2017 Tirage n° 1
Loi 49-956 du 16 juillet 1949 sur les publications destinées à la jeunesse

Photogravure : BVN
Fabrication : Ex Fabrica
Achevé d'imprimer sur les presses de D'Auria Printing, AscoliPiceno
en juillet 2017